Clarinda van Lunteren

Burnout in beeld

novum ☙ pro

Dit boek is ook als
e-book
verkrijgbaar.

www.novumpublishing.nl

© 2022 novum publishing

ISBN 978-3-99131-099-0
Geredigeerd door: M. Moors
Omslagfoto, Foto's binnendeel:
Clarinda van Lunteren
Ontwerp omslag, lay-out & typografie:
novum publishing

De door de auteur beschikbaar
gestelde afbeeldingen werden in de
bestmogelijke kwaliteit gedrukt.

www.novumpublishing.nl

HET BESCHOUWEN VAN KUNST
MET EEN BOODSCHAP
EEN VERKENNING

Kunst kan vele doelen dienen.

Kunst kan mensen inspireren en aan het denken zetten.

Kunst is communicatie tussen de kunstenaar en de beschouwer.

Kunst kan mensen confronteren met (on)gewenste kenmerken van de samenleving en mensen een spiegel voorhouden. Het kan daarom van hoge esthetische waarde zijn, maar tegelijkertijd foeilelijk of schokkend. Kunst roept een breed scala aan emoties op, van afkeer tot euforie.

Kunst kan illustreren en verduidelijken. Het kan mensen vermaken en opvrolijken, maar ook depressief maken of de beschouwer op het verkeerde been zetten.

Kunst kan ook een uitingsvorm zijn van gedachten en gevoelens, kan fungeren als uitlaatklep. Het kan een middel zijn om emoties te verkennen en helderheid in de persoonlijke belevings-wereld te creëren.

De schilderkunst in dit boek is een weergave van het laatste. Het doel van mijn kunst in dit boek is communiceren over mijn beleving van de tijd waarin ik burn-out ben. Ik hoop dat je herkenning zult vinden. Dit hoofdstuk wil je daarbij helpen.

Mijn schilderijen zijn vol van keuzes. Iedere penseelstreek, iedere kleur en iedere vorm is een uiting die bijdraagt aan de totale boodschap. Voordat ik begin met een schilderij is er een vaag concept volgens welke ik wil werken. Daarna laat ik de doelstelling los en 'ontstaat' het schilderij. Het ontstaat in een combinatie van intuïtief werken en kleur- en materiaalgebruik passend bij mijn stemming en gemoedsgesteldheid. Soms blijft het concept daarbij in stand, even zo vaak sneuvelt het tijdens het creatief proces. Het proces is leidend, het resultaat on-dergeschikt. Niet voor niets zijn mijn schilderijen vaak geïnspireerd op het expressionisme (uiten wat van binnen leeft), is de weergave vaak figuratief (herkenbare figuren, maar geen natuurgetrouwe weergave) en de manier van werken experimenteel. Ik hou ervan als het re-sultaat niet vooraf al vaststaat en ikzelf verrast word door het resultaat.

Zoals Gustav Klimt al zei: "Als je mij wilt leren kennen, bestudeer dan mijn werk." Mijn schilderkunst past in deze denkwijze die ten diepste gaat over communicatie. Ieder schilderij is een zelfportret. Ieder schilderij is een deel van mijn autobiografie. In beeldende kunst is het onmogelijk mezelf te verbergen. Je hebt de sleutel tot mijn hart in je handen. Wil je het zien?

Titel: Reiken naar het licht
Jaar 2015
30x40 – acryl op doek

DE BOODSCHAP 'LEZEN' DOOR STUDEREN

Om mij als kunstenaar te leren kennen, moet je dus in navolging van Klimt: *bestuderen*. Een oppervlakkige beschouwing levert hooguit de vraag op: wat stelt het voor? Het vlakt kunst af tot een illustratie, tot niet meer dan een 'plaatje bij een praatje'. In mijn schilderijen zijn altijd meerdere lagen te ontdekken.

Hieronder een kijkwijzer met daarin vier stappen tot kunstbeschouwing. Daarin leer je míjn verhaal te herkennen, maar ook het verhaal van jezelf. Jij bent namelijk zelf het kader vanwaaruit je mijn boodschap interpreteert. Die twee kanten aan het verhaal zijn onlosmakelijk met elkaar verbonden. Ga het avontuur aan en laat je verrassen.

1. Stel je hart open en neem de tijd

Met deze opdracht is de eerste stap wellicht ook de moeilijkste. Communiceren met een schilderij en zoeken naar de boodschap van de kunstenaar, vraagt van jou, als beschouwer, dat je jouw hart openstelt voor mijn verhaal èn voor het jouwe. Het is nodig dat je de wil hebt om een nieuwe manier van kijken te leren. En … dat lukt niet in één keer, dat kost tijd en oefening. Dit boek geeft je een handvat om te oefenen. Daarnaast moet er ook voldaan worden aan een andere voorwaarde: laat vooroordelen en vooringenomenheid los. Misschien ben je opgegroeid met de gedachte dat kunst nutteloos is, dat een kind van drie jaar het ook zou kunnen, dat kunst niet bij jou past, dat het je niet aanspreekt, of wat je ook maar kunt bedenken. Vraag jezelf af in hoeverre dit voor jou geldt. Kijk ernaar, en laat het vervolgens los …

2. Bestudeer vormen, kleuren, materiaal en techniek

VORMENTAAL

a. Lijnen. Let op de richting en vorm van lijnen in mijn schilderijen. Zo kunnen (min of meer) evenwijdige lijnen verwijzen naar evenwichtigheid en balans. Elkaar kruisende lijnen kunnen wijzen op conflict of tegenstellingen. Horizontale lijnen benadrukken de weidsheid van de voorstelling, verticale lijnen laten (emotionele) hoogten, of juist diepten zien. Dit geldt ook voor de keuze voor een rechtopstaand of liggend doek. Een duidelijke richting van links naar rechts kan wijzen op groei of een verloop in tijd. Dikke lijnen vragen doorgaans meer aandacht dan dunne lijnen, en … aandacht is essentieel voor de boodschap. Maar het aantal lijnen is ook bepalend: één dikke lijn kan minder aandacht vragen dan een veelheid aan dunne lijnen …

b. Vormen. Let op de eigenschappen van de vormen in het schilderij. Zo kunnen (min of meer) ronde vormen verwijzen naar meer natuurlijke en vriendelijke eigenschappen. Hoekige en puntige vormen juist naar harde, stevige of stekelige eigenschappen. Grote vormen vragen doorgaans meer aandacht dan kleine vormen, maar ook hier is het aantal bepalend voor wat echt opvalt. Eén enkele vorm (klein of groot) in een neutrale achtergrond valt meer op dan meerdere kleine of grote vormen in een veelvormige of veelkleurige achtergrond.

c. Compositie. Een schilderij kent (bijna) altijd een kerngedeelte, waarin de belangrijkste elementen van het verhaal te vinden zijn. De kern vormt de centrale boodschap van het schilderij en heeft verbinding met de titel van het schilderij. Vaak is die kern centraal in het schilderij te vinden, maar niet altijd. Soms kies ik er bewust voor om de kern uit het midden te plaatsen. Hiermee wordt soms een hoogtepunt of juist een dieptepunt benadrukt, of is er meer aandacht gecreëerd voor de omgeving als de kracht van de boodschap sterk beïnvloed wordt door omringende factoren. Ook kan er sprake zijn van meerdere kernen, waardoor de boodschappen elkaar versterken en diepgang geven.

KLEURENTAAL

Er is ongelooflijk veel geschreven over kleurenleer. Wat ik hier schrijf, wijkt daarvan in enige mate af, hoewel er ook overlap is. Het geeft slechts een algemene richtlijn over hoe ik kleuren verbind met emoties, gevoelens en sfeer. Veel zul je herkennen of logisch vinden, omdat deze verbindingen vaak universeel zijn.

a. Lichte en donkere kleuren. Lichte kleuren geven over het algemeen een sfeer van vrolijk-heid, speelsheid en hoop weer. Donkere kleuren daarentegen een gevoel van stevigheid, somberheid, verdriet en vaak ook dreiging.
b. Koele en warme kleuren. Koele kleuren creëren afstand tot de boodschap, warme kleuren 'zuigen' je als het ware in het schilderij en zorgen voor betrokkenheid. Koele kleuren zijn bijvoorbeeld wit, blauw, citroengeel. Warme kleuren zijn bijvoorbeeld oranje, okergeel, olijfgroen ... Dit is een beperkte opsomming, omdat veel kleuren in combinatie met elkaar een sfeer van koelte of juist warmte creëren.
c. Symbolische kleuren. Ik verbind in mijn schilderijen kleuren aan een symbolische waarde. Zwart geeft vaak somberheid en pijn aan. Paars juist verdriet en rouw. Rood is een am-bivalente kleur: soms geeft het warmte en vrolijkheid aan, of zelfs liefde en passie. Maar even zo vaak is het een kleur van geweld, pijn en frustratie. Groen, bruin en blauw bena-drukken natuur, rust en vredigheid. Wit is voor mij een kleur van neutraliteit, afstand of juist heiligheid. Geel kan zowel warm (okergeel) als koud (citroengeel) zijn en geeft waarde aan respectievelijk vrolijkheid, of juist afstand en soms zelfs haat. De kleuren zijn niet in elk schilderij in deze uitleg toepasbaar, maar in geval van een overheersende kleur in het geheel en/of in de kern, kun je deze symboolwaarde meenemen in je beschouwing.
d. Contrast. Contrast is een belangrijk element in mijn schilderijen. Om de centrale bood-schap goed weer te geven, maak ik overdadig veel gebruik van contrast in zowel vorm als kleur. Het creëert aandacht voor dat wat echt belangrijk is. Het maakt vormen en lijnen nog meer zichtbaar.

MATERIAALTAAL

Bij veel van mijn schilderijen vind je de term 'mixed techniques'. Het geeft daarmee uitdrukking aan de diversiteit aan materialen die ik gebruik in mijn schilderijen. Vaak is het maakproces niet of nauwelijks herhaalbaar. Het is altijd experimenteel en mijn invloed op het resultaat beperkt. Naast traditionele verfartikelen gebruik ik diverse materialen. Ik zoek naar materi-aal dat past bij de keuze voor meer ronde en zachte vormgeving, voor glimmende of schitte-rende effecten, of juist voor de harde en stekelige boodschappen. Het reliëf dat vaak met de toevoeging van materiaal bereikt wordt, versterkt de vormentaal en daarmee de boodschap.

TECHNIEKTAAL

Voor mij zijn de technieken tijdens het werken verschillend: krassen, smeren, rustig schilderen, spetteren, krachtig werken, vormen creëren in detail, of juist in grote bewegingen. Het zijn helende werkvormen, waardoor de boodschap van het schilderij parallel loopt aan het proces dat tijdens het schilderen ook in mijn lijf en ziel wordt ervaren. Het maakt het proces van schilderen voor mij tot een diepe ervaring.

5. Stel jezelf vragen

Bij al deze elementen is het van belang om als beschouwer jezelf vragen te stellen. Ik vraag je reflectief naar de schilderijen te kijken. Wil je echt leren be-*studeren*, maak dan aantekeningen. Neem de volgende vragen op in je standaard repertoire:

» Algemeen: Welk deel van het schilderij trekt direct je aandacht? Waarom?
» Studie: Welke elementen zorgen ervoor dat je aandacht daar naartoe gaat? Bestudeer hierbij alle (deel)eenheden van vormen, kleuren, materiaal en techniek apart.
» Reflectie: Bij welke elementen raakt de studie aan herinneringen en/of ervaringen van jouzelf?
» Open hart: Aan welke gevoelens raakt dit bij jou als beschouwer?
» Boodschap: Hoe ziet voor jou de verbinding eruit tussen beeld en titel?
» Verbinding: Wat denk je dat ik als kunstenaar jou wil laten zien of ervaren?

6. Wees niet bang

Er is nooit één antwoord op bovenstaande vragen. Er is ook nooit een goed of fout antwoord. Wees niet bang andere interpretaties te maken. Wees niet bang iets te zien wat ik niet heb gezien. De titel van het schilderij is een richting die ik jou geef, die je zou kunnen helpen. Dat geldt ook voor de teksten in dit boek. Voel je vrij om je eigen interpretaties te geven aan elk beeld. Hiermee maak je verbinding met het beeld en de tekst en zal de waarde van dit boek voor jou persoonlijk toenemen.

Als je de tijd neemt om mijn schilderijen te bekijken en te proberen die te doorgronden, waarin ook ruimte blijft voor jouw ervaringen en interpretaties, heb ik mijn doelen bereikt. Je kunt me geen groter cadeau geven!

Clarinda van Lunteren

INLEIDING

Een persoonlijke zoektocht ligt voor je.

Een reis door diepte- en hoogtepunten. Een reis in beeld op zoek naar identiteit, naar leven, naar eigenheid, naar waarde, naar liefde en naar God.

Ik ben burn-out. In de jaren ervoor blijkt het *'teveel'* al herkenbaar in de eerste schilderijen in dit boek. Ik merk dat ik vaak antwoorden schilder op vragen die nog gesteld moeten worden. Ik kijk in mijn diepste zelf. Door middel van het schilderen is zichtbaar op welke manieren ik zoek naar nieuwe waarden waarin ik leven en genieten kan. Die reis verloopt langs allerlei routes: van verzet tot overgave, en van pijn naar vreugde.

De schilderijen vertellen een verhaal op zich. Stap niet in de valkuil om de teksten te lezen en de schilderijen als uitsluitend illustraties of plaatjes te zien. De teksten zijn hulpmiddelen en vertalingen van dat diepste zelf, maar hebben níet de bedoeling alles in het schilderij zichtbaar te maken.

Ik ben in gesprek en in discussie.
Met mijzelf, met anderen en met God.

De boom symboliseert mijn leven. Een leven in de storm.

De boom wordt bedreigd, de omgeving is dreigend, de bliksem slaat bijna in ...

Maar de boom staat stevig verankerd in de liefde en genade van de God op Wie ik bouw. Weten, kennen en ervaren zijn verschillende lagen in mijn zijn. Zo zijn er veel momenten waarin ik Zijn liefde en genade niet ervaar, maar ik ken mijn God en ik weet tot in het diepst van mijn ziel dat Hij mij nooit loslaat!

Clarinda van Lunteren
2016–2018

Titel: Boom in de storm
Jaar 2015
40x50 – acryl op doek,
mixed techniques

Wat een geweld
Wat een onrust
Wat een hitte
Wat een turbulentie
Wat een leven!

Gevaar!
Pas op!
Grenzeloos ...
Eindeloos ...

Dit is mijn leven.
Prachtig ... en onrustig ...

Ik houd mij vast aan U
U kent mij
U vindt mij een parel
Ik ben in Uw hand
U houdt mij vast

Titel: Parel in de vlammen
Jaar 2016
60x80 – acryl op doek, mixed techniques

Zij is mooi en sterk
Zij is geliefd
Zij heeft invloed

Zij is afhankelijk
Zij zoekt het Licht
Zij heeft God nodig

Zij heeft een taak
Zij mag ontvangen
Zij mag geven

Leven
Hoop

God, U geeft licht
God, U geeft leven
God, U geeft hoop!

Ik mag slechts dienen ...

Titel: Ontvangen geeft leven
Jaar 2016
60x80 – acryl op doek

Ik kies voor rust.
Ik kies voor leven.
Ik kies voor liefde.

Ik wil geen slachtoffer zijn!
Ik wil tijd!
Tijd voor mezelf.
Werken aan mezelf.
Naar mijn bestemming ...

God, bent U daar?
Hoort U mij?
Ziet U mij?

Wat is Uw plan?
Wat wilt U mij leren?
Leven doet pijn ...
Ik kan het nauwelijks nog verdragen ...

Kan ik herrijzen?
Als een feniks uit de as?

Titel: Revival – herrijzenis
Jaar 2016
60x80 – acryl op doek, mixed techniques

Ik kan het niet verdragen!

Ik ga kapot
Mijn hoofd barst.
Het is te veel, te vol, te rumoerig ...
Ik ga kapot ...
Ik ga kapot!

Mijn hoofd doet pijn.
Mijn hoofd is zwart.
Mijn hoofd jammert en krijst.
Ik ga kapot ...

Waar ben ik?
Wie ben ik?
Leeg
Kaal
Alleen
Ik ben kapot

Titel: Depression
Jaar 2016
50x50 – acryl op doek

Waar bent U?
Samen met mijn gevoel
bent ook U uit mijn hart verdwenen!

Ik ervaar U niet
Ik wil schreeuwen van ellende
Roepen om Uw aandacht
Hoort U dat?

Ik weet dat U daar bent
Ik herinner mij Uw liefde
Ik wíl geloven
Maar ik leef in eenzaamheid ...

Mijn bovenlaag verbrokkelt
Ik kan mijn bescherming
niet meer in stand houden
Mijn onderlaag is chaos
Ik ben radeloos ...

Wie troost mij nu?
Wie zorgt voor mij?
Verberg U niet
Kom dichterbij
Raak mij aan
Omring mij ...

Titel: Inslag in de kern
Jaar 2017
60x80 – acryl op doek, mixed techniques

Dit ben ik
Gebukt onder een last van moeten ...
Eisen ... Nuttig zijn ...
Het is enorm, het is te zwaar
Niet te tillen, niet te dragen
Ik bezwijk ...

Men kijkt naar mij, ziet mij zwoegen ...
Altijd hard werken, altijd streng.
... *"Je doet het goed, jij kunt dat wel"* ...
Zien jullie het wel? Doe ik het goed?
Graag applaus ...!!!

Ik heb angst. Ik ben bang.
Ik wil niet alles naar mezelf toetrekken.
Mijn diepste wensen zijn te groot.
Ik mag dit niet wensen.
Ik voel wanhoop.
Het is nooit genoeg, er is geen bodem!

Nooit genoeg
God, genees mij ...
Alleen Uw liefde kan dit gat vullen.
Ik ben gewond en ik ben bang ...

Titel: Bezwijken (inspired by Keith Haring)
Jaar 2017
50x70 – ecoline op papier, mixed techniques

Eén brok ellende
Een berg aan verdriet
Mijn hart is zwaar
zwaar ...
zwaarder ...

Rauw
Hard
Massief
Scherp
Pijn

Het is zo groot
Ik weet me geen raad

Ik klamp mij vast aan U ...
Mag ik geliefd zijn?
Omhult U mijn pijn?
Verzacht U de randen?
Verlicht U mijn hart?

Ziet U mij, God,
in mijn verdriet?

Titel: Brok ellende
Jaar 2017
50x70 – acryl en acrylmedium op hardboard

Ik kijk
Ik staar
Ik zoek

Waar is mijn bestemming?
Waar leidt mijn weg heen?

Ik ben alleen
Niemand begrijpt mij
Ik laat niemand toe
!Ik doe het zelf!

Er ligt een deken op mij
ik weet dat de zon schijnt ...
ik weet dat er goede dingen zijn ...
ik kijk en hoop
maar kan er niet bij

De weg is zó eenzaam
Leidt die naar een bestemming?

Titel: Eenzame bestemming
Jaar 2017
50x70 – ecoline op papier, mixed techniques

Ik zie geen doel
Mijn bestemming is onzeker
Ik voel me eenzaam.
Mijn aangeleerd gedrag is destructief

Ik leef in een bubbel
Ontoegankelijk
Tijdelijk voelt dat best oké
Het is sereen en stil
maar ik zit gevangen.

Is er iemand?
Ziet er iemand wie ik ben?
Ik zie het niet ...
Ik verzuip

Titel: Verzuipen of vereenzamen
Jaar 2017
40x50 – acryl op doek, mixed techniques

"Neemt,
drinkt allen daaruit.

Gedenk
en geloof
dat het bloed
van onze Heere Jezus Christus
vergoten is,
tot een volkomen verzoening
van al onze zonden."

Amen

Titel: De beker der verzoening
Jaar 2017
40x40 – acryl op doek, mixed techniques

"Ik ben waardeloos."
Dat is een leugen!
"Ik ben nutteloos."
Dat is een leugen!
"Ik heb het gevoel dat ik faal."
Ook dat is een leugen!
Ik geloof het niet meer!

God, ik wil U vertrouwen.
U mag aan mij werken.
Ik ben emotioneel een wrak,
maar U kunt mijn kleine bijdrage
omzetten in een waar wonder.

Ik word afgepeld, tot het diepst van mijn zijn
Daarin zit niks meer ...
Vult U het opnieuw?

Mijn geest en mijn lijf schreeuwen het uit:
NEE! NIET MIJ!
NIET HIER! NIET NU!
Maar toch geef ik mij over aan U.
Ik vertrouw U,
ook al doet het pijn
Breng mijn bestemming dichterbij
Ik smeek het U

Ik ben eenzaam
Open mijn hart voor U
Èn voor de ander ...

Titel: Toestemming en overgave
Jaar 2017
40x50 – acryl op doek, mixed techniques

Diamant

Wat is het leven van een mens?
Wat is zijn waarde?

Vormt U het naar Uw beeld?
De ruwe kant
Polijsten doet pijn
Het resultaat is mooi
Het resultaat is schitterend!

U maakt ons klaar
Vele facetten
stralen kleurrijk om ons heen op aarde

U laat ons groeien
Vele facetten
stralen kleurrijk in Uw hemel ...

Titel: Diamant
Jaar 2008
60x80 – acryl op doek

Het vergif is overweldigend
Ik sta er midden in
Het is er altijd ...
het gaat niet veranderen ...

Ik wil tegengif ...
Neutraliserend en nodig
mezelf beschermend
en wapenend.

Een filter
met beperkte doorlatendheid
Een filter
met meer doorlatendheid
Bescherming, keuzes maken, eigenheid ...
Wat mag erdoor?
Wat kan ik verdragen?

Mijn filters
Humor
Meebewegen
Onverschillig
Stekelig
Vaste structuren
Bouwend op mijn sterke kanten

Ik wens ...
Ik droom van ...

Titel: Filters voor vergif
Jaar 2017
60x80 – pastelkrijt op papier, plastic folie, mixed techniques

Ik blijf maar vallen ...
Hoe kapot kun je gaan?
Het einde is niet in zicht

Het gat is leeg en koud
Het gat is ongelofelijk eenzaam

Ik heb geen enkele invloed
Al mijn harde werk
helpt me nu niet meer ...

Het gat heet depressie
Het gat is mijn holle ziel
Het gat doet ... pijn

Wat blijft er over?
Alleen maar U, mijn God ...
Wat is Uw en mijn lijden?
U voelde wat ik voel ...
U kent mij

Titel: Peilloos
Jaar 2017
50x70 – ecoline en acryl op doek, mixed techniques

Ik kruip uit mijn cocon
Ik kijk om mij heen ...
Gaat alles gewoon door?

Ik was er geen onderdeel van,
ik ben er geen onderdeel van.

Ik zie een weg voor me.
Ik zie geen bestemming,
maar wel een weg ...
Fantasie

Ik verlaat ...
Ik loop ...
Ik voel hoop ...
Het dwarrelt voor me.
Ik pak ...

... maar mis ...

Titel: Beproeving en hoop
Jaar 2017
60x80 – ecoline en acryl op doek, mixed techniques

Waar is de sleutel naar mijn hart
en mijn ziel?
Ik houd hem zelf vast. (verbaasd) *"Oh ..."*
Maar ik kan het niet alleen ...

Zie mijn kwetsbaarheid
Zie mijn pijn
Zie mijn pogingen om mijn bol te openen

Schepper God
U raakt mij aan in liefde
Ik mag sterk worden.
Ik mag klimmen
Ik mag spelen
Ik mag eruit!!

U bent de bron van alles

Bron
Hart
Ziel
Sleutel

Titel: De sleutel naar het hart en de ziel
Jaar 2017
60x80 – pastel en acryl op doek, mixed techniques

Kennen van mijn dagelijkse dingen
Hoe is het op je werk?
Ga je nog op vakantie?
En de kinderen?

Kennen en weten in gevoel
Hoe gaat het vandaag?
Red je het eigenlijk wel?
Wat je voelt is oké ... Dit ben ik

Weten in mijn ziel
Ik zie je
Ik ken je
Ik hou van je

De vogel vliegt
Mijn ziel mag geaaid
Mijn dagelijkse dingen zijn niet wie ik ben
Mijn gevoel mag veranderen
Mijn ziel behoort U toe.

Titel: Kennen en weten
Jaar 2017
60x80 – acryl op doek

Kijken ...
Afwachten ...

Wat zal de toekomst brengen?
Wat heeft het verleden gebracht?

Ik wil vooruit!

De Heilige
is daar
Ik kijk
Ik wacht
Ik kniel

Mijn leven ligt in Uw hand

Titel: Vooruit durven kijken
Jaar 2017
40x50 – acryl op paneel

Het stormt
van binnen en van buiten

De inhoud is weg
Het omhulsel verwaaid
Diepe angst

Pijnlijke krassen
krassen – krrggg
krassen …
pijn

Men strekt zich uit
naar mij …

mijn geliefden
mijn vrienden
Men wil mij pakken, vasthouden
het lukt niet, het kan niet …

Hier ben ik …
ik ben niets

Titel: Focus op Jezus
Jaar 2017
50x60 – acryl op doek

Het is te veel
Te intens
Te gedreven

Cirkels
Draaien
Eindeloos
Herhalend

Er is een weg te vinden
Hij verdwijnt in de veelheid
Er is vrolijkheid
Er is feest
Maar ook stress
Veel ...

Ik wil meer ...
Ik wil meer!
Ik wil meer ...?

Titel: Te veel, te intens, te gedreven ...
Jaar 2017
50x50 – acryl op doek, mixed techniques

Het noorderlicht

Ongrijpbaar

Ongelofelijk mooi

Fascinerend

Zo is het leven ...

Titel: Noorderlicht
Jaar 2017
80x120 – acryl op doek, mixed techniques

Overstromen van ...

Nader onderzoek vergroot inzicht
in wie ik ben
in wat ik mag zijn.

Mijn mogelijkheden zijn groot
ze overstromen mij
Wanneer kan ik het vuur weer raken?
Wanneer mag mijn passie weer stromen?

Ik ben veelzijdig
Ik ben waardevol
Heer, U laat mij zien
dat het genoeg is
Dat ik genoeg ben.

U geeft met milde hand
Uw liefde verwarmt mij
ik voel Uw vuur
Ook dat doet mij overstromen.

Wanneer?
Voor wie?
Ik weet het niet.
Maar het goede ligt in het verschiet.

Titel: Gedrevene
Jaar 2017
60x80 – acryl op doek, mixed techniques

Gedachtestromen
Gedachten
stromen

Het stroomt er allemaal in,
maar ik heb regie
over wat erin
en eruit gaat.
Er is een barrière.

Donkere stromen van harde gedachten
mogen niet in de kern van mijn denken
Mijn kern is veilig
Mijn kern is van mij

Mijn kern mag licht geven als een vlam

Titel: Regie
Jaar 2017
50x60 – acryl op doek, mixed techniques

Het is op je bek gaan
Opnieuw
En opnieuw
De knal komt steeds terug
Dreun! Beng!

Je dacht dat je wat kon?
Je dacht dat je herstelde?
Je dacht: Kom, het gaat weer ...?

Wat een knal
Gevloerd
Ik ken je. Ik herken je, helaas ...
Het doet pijn
In mijn geest, in mijn ziel
Steeds weer ... steeds weer

Ik donder om
Ik sta op
Ik ga op mijn bek
Ik krabbel op
Ik probeer, ik werk, ik let op
Maar toch komt die dreun ...

...

Titel: Op je bek gaan
Jaar 2018
15x50 – ecoline en acryl op boardkarton

Alles is van U
Mijn leven, mijn liefde,
mijn prioriteiten

Ik heb niks
Ik krijg het niet voor elkaar
Ik geef het aan U.

U ziet mij,
want ik ben Uw geliefde kind.
U kent mijn lijden door en door
U zegt: "Leer van Mij."
Het komt! Er is een tijd voor alles.
Een tijd om te ontvlammen
En een tijd om te verkillen ...

*"Wees stil
en weet dat Ik God ben."*

Dus leg ik het bij U.
Verwacht ik alles van U.
Leid mijn leven

Ik koester mij in Uw licht
In Uw liefde
Ik wacht ...

Titel: Surrender – overgave
Jaar 2018
35x55 – aquarelkrijt en fineliner op papier

Lemniscaat is oneindig

Doorgaan ...
beweging
uit de bocht vliegen
tot rust komen
doorgaan ...
Bouwen
ontwikkelen
beschouwen
in the flow gaan

Jezelf vergeven en
doorgaan ...

Titel: Lemniscaat van het leven
Jaar 2018
80x140 – acryl op doek, mixed techniques

Soms zie je een glimp
van een goed hart
van blijdschap en hoop
van kracht en sterkte.

Een engel komt voorbij
Een glimp van God
Een knipoog

Ik zie de engel niet goed ...
Ik zie wel wat ie teweegbrengt ...

Soms zie je een glimp
van een ziel en een weten
van hoop en vreugde
van bemoediging.

Titel: Engelenvleugel
Jaar 2011
60x80 – acryl op doek, mixed techniques

EIN HERZ FÜR AUTOREN A HEART FOR AUTHORS À L'ÉCOUTE DES AUTEURS MIA KAPΔIA ГIA ΣΥΓΓΡΑ HJÄRTA FÖR FÖRFATTARE UN CORAZÓN POR LOS AUTORES YAZARLARIMIZA GÖNÜL VERELIM SZÍV CUORE PER AUTORI ET HJERTE FOR FORFATTERE EEN HART VOOR SCHRIJVERS TEMOS OS AUTOR HERZÖINKÉRT SERCE DLA AUTORÓW EIN HERZ FÜR AUTOREN A HEART FOR AUTHORS À L'ÉCOUT CORAÇÃO ВСЕЙ ДУШОЙ К АВТОРАМ ETT HJÄRTA FÖR FÖRFATTARE Á LA ESCUCHA DE LOS AUTORI AUTEURS MIA KAPΔIA ГIA ΣΥΓΓΡΑΦΕΙΣ UN CUORE PER AUTORI ET HJERTE FOR FORFATTERE EEN H YAZARLARIM ... SZERZŐINKÉRT SERCE DLA AUTORÓW EIN HERZ FÜR VOOR SCHR... CORAÇÃO ВСЕЙ ДУШОЙ К АВТОРАМ ETT HJÄRTA FÖR

De auteur

Clarinda is geboren in 1974 en groeit op in een christelijk gezin. Op de middelbare school doet zij examen in het vak 'tekenen' en dan krijgt zij al het advies om naar de kunstacademie te gaan. Het loopt anders en zij kiest voor de lerarenopleiding. Zij wordt leerkracht speciaal basisonderwijs en ontwikkelt een brede interesse voor 'special needs' van kinderen. Zij doet in de avonduren een versnelde hbo-opleiding Vaktherapie beeldend en vervolgt haar werk in het SBO als beeldend therapeut, gevolgd door de opleiding Master of Arts Therapies.

Het Christelijk geloof is telkens een drijfveer in haar beeldend werk. De jaren van autobiografisch schilderen worden gekenmerkt door hoogte- en dieptepunten in haar persoonlijk leven. Dit geeft diepgang aan haar werk en onderliggende emoties. Haar schilderijen laten vaak flinke tegenstellingen zien, zoals ontvangen versus geven; liefde en warmte versus eenzaamheid en pijn, maar ook blijdschap en hoop versus verdriet en gemis. Haar schilderstijl laat zich omschrijven als figuratief, expressionistisch en experimenteel. Ieder schilderij is een weergave van haar persoonlijkheid en dus sterk autobiografisch. Zij zegt, in navolging van Gustav Klimt: "Wil je mij leren kennen, bestudeer dan mijn werk."

Zij verlaat in 2012 het basisonderwijs om met haar kennis en ervaring studenten op te leiden als hogeschooldocent Social Work. Zij werkt daar als creatief docent beeldend, naast haar taken als o.a. praktijkbegeleider, toetsexpert en docent historie Social Work.

Clarinda is getrouwd en heeft 3 dochters.
www.lunterart.nl

De uitgeverij

*Wie ophoudt
beter te worden
is opgehouden
goed te zijn!*

Op basis van dit motto zoekt uitgeverij novum steeds nieuwe manuscripten! Ondertussen zijn wij in Nederland, Duitsland, Oostenrijk en Zwitserland dé specialist voor nieuwe auteurs.

Elk manuscript dat wij ontvangen wordt gratis door onze redactie beoordeeld.

Meer informatie over onze uitgeverij en over onze boeken kunt u op online vinden onder:

www.novumpublishing.nl